AF585756

EMAILLEURS LIMOUSINS

COULY NOYLIER

TIRAGE A 100 EXEMPLAIRES

Extrait du *Bulletin de la Société archéologique et historique de la Charente*, année 1865.

ÉMAILLEURS LIMOUSINS

COULY NOYLIER

PAR

MAURICE ARDANT

ARCHIVISTE DE LA HAUTE-VIENNE

ANGOULÊME

IMPRIMERIE CHARENTAISE DE A. NADAUD & Cie

REMPART DESAIX, N° 26

1865

ÉMAILLEURS LIMOUSINS

COULY NOYLIER

NOTRE industrieuse cité, si justement appelée par les anciens historiens : *Atelier d'activité* et *Galères des paresseux (Officina diligentiæ, Ergastulum desidiæ),* eut aussi le mérite d'honorer ses concitoyens les plus renommés dans leur art, et de les appeler à siéger aux conseils de la commune ou communauté, comme on disait au moyen âge.

J'ai trouvé la preuve du fait que j'avance dans nos fastes consulaires, où j'ai relevé, seulement pour les industries de l'orfévrerie et de l'émaillerie, les consuls de l'année 1513, Nardon Penicaud, Couly Noylier et Pierre Veyrier; ces deux derniers sont encore consuls ensemble aux années 1519, 1525 et 1531. — Pierre Veyrier l'avait été avec Pierre Guybert l'an 1508; l'an 1533, un Vernyhaut, d'une famille d'émailleurs; en 1537, Aymeri Guimbert ou Guybert, Jacques-Reymond, Poillevé; en 1539,

Dominique ou Domenge Mouret; l'an 1540, Jehan Penicaud; 1541, Jehan Veyrier; 1542, Jehan Poillevé; 1543, Bardonnaud, Bonin, Celière; 1547, Jehan Veyrier; 1548, J. Poillevé, Pierre et Aymeri Veyrier, Jehan Penicaud; 1549, F. Vidal ou *Vitalis*, J. Reymond, P. Bardonnaud; 1551, Varacheau; 1554, Tharaud, Poillevé; en 1555, Jehan Vidal, J. Courteys, E. Veyrier; 1556, J. Martin; 1557-1558, P. Guybert; 1559, P. Veyrier; 1560, Pierre Reymond, J. Vidal; 1561, A. Veyrier; 1563, P. Veyrier; 1565, Jehan Limosin; 1566, Jehan Vidal; 1567, Pierre Reymond, Nicolas Noylier; 1568, Jehan Vidal; 1569, A. Guybert; 1571, Léonard Limosin, Jehan Penicaud; 1572, Jehan Vidal, E. Bonin; 1574, J. Vidal; 1577, J. Martin; 1578, J. Vidaud, Jean Penicaud. Il existe dans ces fastes consulaires une lacune de douze ans entre 1580 et 1593; nous y aurions remarqué le nom de Domenge Mouret, qui nous a laissé des recettes précieuses sur l'émaillerie et que d'autres documents nous ont fait connaître comme zélé à remplir ses fonctions, lors d'une conspiration contre Henri IV. — J. Martin, en 1595 et 1596; F. et M. Vidal, en 1597 et 1598; J. Martin, en 1599; — 1606, M. Vidal; 1607, P. Veyrier; 1609, A. Veyrier; 1613, M. Vidal; 1614, J. Vidal; 1616, Pierre Veyrier, Joseph Limosin et Varacheau.

L'examen attentif de cette liste m'a mis sur la voie pour trouver les moyens d'expliquer les initiales par lesquelles un ancien émailleur a signé un assez grand nombre d'émaux; avec ce point de départ, j'ai mis à profit les actes déposés à nos archives départementales, et après une longue et minutieuse étude, j'ai pu éclaircir le monogramme CN jusqu'ici inexpliqué, et l'attribuer enfin à *Couly*, Coly, Colin ou Nicolas Noylier. Le premier de ces noms est un diminutif patois du nom de Nicolas, comme Nardon l'était de Léonard; les deux autres sont le même diminutif francisé.

Nous pouvons suivre dans les fastes consulaires les changements de ce nom à mesure qu'on s'éloignait du patois, et nous voyons qu'en l'année 1567 Noylier est désigné sous le prénom de Nicolas.

La famille Noylier est connue depuis le XVe siècle. Un des plus anciens titres qui la concernent est de l'an 1456; c'est un acte de vente d'une sétérée de terre par Jehan Noylier, de Ventaux, à autre Jehan et Nicolas Noylier, de Sainte-Claire-de-Soubrevas *(Supervasa)*. Un Jacques Noylier est cité dans des actes de 1485 et 1488.

Des contrats de 1502, 1503 et 1504 nous ont transmis les noms de Simon et de Pierre Noylier. Le dernier figure seul dans un acte de 1509; il possédait une vigne, en 1514, au Clos-la-Chatte (1).

L'abbaye de Saint-Martial était payée d'une rente sur une maison faisant *queyrie* (angle) aux rues Manigne et Petites-Pousses, contiguë à celle de Pierre Guimbert; les titres étaient datés de 1503 et 1504 et mentionnent qu'elle fut la maison de Noylier, l'émailleur. Simon et Nicholas sont men-

---

(1) Simon Noylier était, en 1516, patron de la vicairie des *Video*, à Saint-Pierre; un Léonard Noylier signa, comme témoin, un contrat, l'an 1525.

tionnés, en 1515, comme devant la rente constituée de 6 deniers.

Couly Noylier, fils de Pierre, *filius Petri*, figure au terrier rouge de Jehan Teulier, prieur de Saint-Gérald, aux années 1514 et 1541, comme redevable d'une rente au prieuré conventuel de ce même Saint-Gérald. Couly épousa Isabeau Vexière ou Veyssière, qui lui survécut; leur fille Narde épousa Jehan Dupré. Ce fut ce Couly Noylier qui fut consul aux années 1513, 1519, 1525 et 1531. On retrouve le nom de deux frères, *Jehan* et *Couly*, en l'année 1558, dont le dernier fut le père de Martin Noylier, émailleur comme son père et son grand-père. Ce fut le second *Couly*. Coli ou Colin, dans les actes *Nicholas*, qu'on a inscrit sur la liste des consuls pour l'année 1567.

Couly Noylier vivait encore en 1588, ainsi qu'un autre Pierre, époux de N. Jayat. Ledit Pierre agit, dans un acte du 18 février 1591, comme curateur à la succession de l'orfèvre *(aurifabri)* Rousset.

Jehan Noylier est nommé dans un acte de 1597. Il se maria avec Catherine Guibert, et fonda, en 1499, avec sa tante Narde Juge, des repas annuels pour un certain nombre de pauvres de l'hôpital, à des jours de fêtes fixés dans un registre que tenait la confrérie des Pauvres à vêtir. Martin Noylier dit Chabrou, époux de Marie Mouret et père de Jacques, qui fut son héritier, avait aussi constitué sur sa maison de la grande rue Manigne une rente de 5 livres à cette même confrérie, pour solder les frais des repas qu'il avait fondés.

J'arrête cette généalogie à la fin du XVIe siècle,

ayant le projet de reprendre cette étude sur les Noualher du XVIIe et du XVIIIe, après celle des Laudin que je prépare depuis longtemps.

Je signalerai pourtant les prénoms de *Jacques*, de *Jean* et de *Pierre* dans cette filiation du XVIe siècle, parce que nous les retrouverons chez leurs descendants.

M. le comte Léon de Laborde, membre de l'Institut, habitué à voir des chefs-d'œuvre, en parlant de la *manière* de cet émailleur anonyme, reconnaît qu'il y a deux parts à faire dans ses ouvrages : *une bonne et peu remplie, c'est le léger bagage de l'artiste; l'autre mauvaise et très fournie, c'est la lourde charge de l'industriel.* Il reconnaît à l'artiste une certaine originalité de composition et un goût particulier pour colorier les grisailles en tons bleus, violets et jaunâtres, ce qui produit des effets harmonieux et se détache vigoureusement sur un émail du plus beau noir.

Il reproche aux émaux de la seconde manière d'offrir une orthographe qui va de pair avec le talent. Sans vouloir combattre les appréciations du savant conservateur du Louvre, je ferai l'observation que l'orthographe devait être peu cultivée dans les provinces au commencement du XVIe siècle, et surtout dans les contrées méridionales, où la langue romane a si longtemps régné.

M. Didier-Petit, de Lyon, soit qu'il fût moins connaisseur, soit qu'il ait rencontré une œuvre supérieure signée des initiales C. N., trouvait la peinture en grisaille de son *hanap* dessinée dans un beau style et d'une belle exécution.

Je renouvellerai ici, en présence de ces deux jugements, ce que j'ai dit pour les signatures d'autres émailleurs, c'est qu'il doit y avoir nécessairement une différence lorsqu'il y a deux artistes; or, nous avons reconnu, d'après les documents des archives, deux Couly Noylier. Il faut croire que le plus ancien, celui qui a été revêtu quatre fois des honneurs du consulat, avait de son temps une certaine réputation d'habileté, peut-être aussi de capacité comme administrateur, et que c'est lui qui a signé les émaux datés de 1539 à 1545.

On reconnaît déjà dans les émaux de ce Noylier les procédés de peinture particuliers à ses descendants; la transparence est bien moindre que celle des émaux de ses contemporains; il néglige l'emploi du paillon et se prive d'une foule de ressources dont ils usaient.

M. de Laborde, parlant du besoin dont nous sommes tourmentés de porter la lumière dans toutes les questions obscures, espérait que le temps nous aiderait à trouver le nom de cet anonyme émailleur; je crois être parvenu à résoudre cette difficulté.

J'ai découvert à Genève deux grands médaillons que leur propriétaire m'a permis d'examiner avec assez d'attention pour pouvoir les décrire. Ils appartiennent à une collection de portraits d'hommes illustres, dont le musée du Louvre conserve trois autres pièces de mêmes dimensions, et sont peints en grisaille coloriée dans les ornements en bleu d'outremer, rouge et violet. Le premier a pour légende en lettres majuscules dorées CAROLVS MAGNVS, suivie d'un II, lettre numérale de cette série. Charles le Grand ou Charlemagne y est représenté monté sur un cheval lancé au galop. Cet empereur et roi, dont la barbe est blanche et courte, a la tête coiffée d'une sorte de turban formé par un voile blanc noué plusieurs fois sur le front et dont les bouts en écharpe flottent au vent près de ses épaules; un bonnet pointu d'un bleu éclatant, imitation de la couronne impériale, présente des fleurs de lys grossières dans le bandeau ou diadème; un globe crucifère est fixé à la pointe. Ce monarque est cuirassé et porte des brassards enjolivés de têtes humaines; sa tunique est blanche, courte et bordée d'un galon rouge et or; une ceinture des mêmes couleurs entoure sa taille; au côté gauche est suspendu un sabre à poignée dorée, dont le fourreau est orné d'arabesques; cette épée est attachée à une chaîne d'or qui descend de l'épaule droite sur la poitrine de Charlemagne; la couronne a des appendices comme ceux des casques, de couleur bleue; une turquoise sert de bouton à sa tunique. Charles tient de la main gauche la bride de son coursier. Des bottes remontant jusqu'aux genouillères sont peintes en violet foncé, enrichies de filets d'or et de turquoises dans le haut; il y en a sur l'éperon, qui est d'or ainsi que l'étrier.

Le cheval blanc semble frémir d'impatience, ses yeux, ses narines, sa bouche ouverts, tout l'indique; sa bride d'or est enrichie de quatre turquoises et attachée en partie à une bande d'étoffe violet pourpre brodée de palmes et galonnée en or; deux gros glands bleu turquin sont suspendus sur le poitrail; une housse ou caparaçon bleu orné d'arabesques dorées enveloppe presque entièrement ce cheval, à partir de l'encolure; les pieds de devant le soulèvent un peu, mais ceux de derrière en sont couverts jusqu'au sabot; une autre bande d'étoffe couleur bleu d'outremer ornée comme la première, borde le devant de ce caparaçon, dont les pointes sont terminées par des houpes. Sur la croupe, deux écussons présentent des armes mi-parti de France, fleurs de lys sur un fond bleu d'outremer; et de l'empire, moitié d'un aigle à deux têtes sur un fond violet foncé; le premier est un peu échancré. On voit sur le sol vert et jaune des pierres grises, des plantes dorées, l'inscription et la date C. N., 1545. Le revers est couleur de cuivre couvert d'un émail incolore et transparent comme ceux des émaux des artistes du XVIe siècle.

On lit sur le second médaillon la légende : GODEFRIDUS DE BILLONIUS (sic) en lettres d'or majuscules, suivie d'un I; le fond est noir semé de points d'or. L'auteur y a peint le célèbre chef des croisés à cheval, dont il tient la bride d'une main et de l'autre une épée dans son fourreau. Godefroi de Bouillon porte une longue barbe blanche; il est coiffé d'un casque couleur de pourpre, entouré d'une couronne d'épines vertes, du milieu desquelles s'élève une croix d'or; une aigrette d'or flotte sur le derrière de la tête en forme de panache; les attaches de ce casque sont d'or et de bleu d'outremer. Le cavalier est vêtu d'une tunique à manches blanches s'entr'ouvrant sur le genou gauche, où l'on voit une grosse turquoise; trois pierres fines semblables servent de boutons à la tunique ; à une chaîne d'or est suspendue une large épée, dans son fourreau noir enrichi d'arabesques dorées; sur l'épaule gauche est un bouclier de forme extraordinaire, coupé dans sa longueur par un grand *tau* cantonné à ses angles de croisettes et de rayons d'or. Le bas de la tunique est bordé de larges filets dorés et pourprés; la jambe sortant de cette tunique a le genou couvert d'une élégante armure, et le pied, qui repose sur un étrier d'or, est défendu par une chaussure longue et pointue et armé d'un éperon d'or; la selle est d'un bleu pâle et brodée en arabesques.

Le cheval tient haute sa tête, surmontée de deux grandes plumes blanches; une grosse turquoise brille sur sa bride d'or; un petit écusson y est attaché sous l'oreille; on y voit une croix cantonnée de rayons d'or. Ce cheval, comme celui de Charlemagne, est enveloppé d'un caparaçon chamarré d'or qui remonte jusqu'à un large collier peint en pourpre et or; sur le poitrail, une bande semblable d'où pendent des houpes blanches à glands bleus, enrichie sur les genoux de pierreries rouges, vertes et bleues, rondes ou en losanges. Ce caparaçon est bordé d'un galon d'or et de franges violettes qui descendent jusqu'aux pieds du coursier.

Le sol est vert et brun, semé de plantes à feuilles dorées; une sorte de livre présente la date 1545 et les initiales C. N. au-dessous du ventre du cheval.

Les légendes de ces médaillons me rappellent celles d'émaux de même dimension, qui ne sont plus à Limoges, où on lisait en patois : DAMO VENVS, LO BELLO HELENO, LOU DY MAR, autour des bustes de Vénus, d'Hélène et de Mars. La dernière légende signifie, par un singulier rapprochement, le *mardi*, jour consacré au dieu de la guerre. Ces émaux, dont je ne vis point la signature, ont bien pu être peints par *Couly Noylier*.

On conserve au Louvre, sous le numéro 363, un médaillon émaillé en couleurs sur fond noir, détails dorés des mêmes dimensions que les deux précédents. Bérenger y est peint d'après Lucas de Leyde, à cheval, dans le costume en usage à la fin du XVe siècle, bonnet et manteau bleus, cheval blanc, housse blanche brodée en arabesques noires, bordée et traversée par des bandes d'étoffes de la couleur des turquoises. Légende en lettres dorées : BERENGIER; revers couleur du cuivre rouge. Comme ce personnage n'est point couronné, cela me fait à croire que c'est là Berenger-Raymond, vainqueur des Maures en 1048 et mort à la Terre-Sainte.

Pour suivre l'ordre de la série de ces portraits, je citerai le numéro 365 de la collection du musée du Louvre. *Josué,* d'après Lucas de Leyde, à cheval, cuirassé, manteau bleu, masse d'armes dans sa main droite; à la gauche, un bouclier où sont figurées *deux croix*. Légende circulaire en lettres d'or : IOSUE LEFOR, et la lettre D. Cheval blanc à tête empanachée de plumes, draperie rattachée sur le poitrail par un mascaron; un soleil rayonnant couvre la croupe et rappelle le miracle attribué à Josué. Mêmes dimensions, même revers.

N° 366, *David* (Lucas de Leyde) à cheval, avec armure et casque ceint d'une couronne, bottes armées d'éperons, sabre à son côté, harpe placée sur l'arrière du cheval. Légende circulaire : DAVID ROX (sic) IV. Cheval blanc à tête empanachée, housse brodée d'arabesques, long gland retombant sur le poitrail. Lettre F de la série. Mêmes dimensions, même revers.

N° 364, *Judas Machabée*, d'après Lucas de Leyde. Légende : IUDAS MACHABEVS; lettre F de la série. Judas à cheval, cuirassé, coiffé d'un casque surmonté de plumes, manteau sur l'épaule, hache à la main droite. Cheval blanc, housse brodée en arabesques rouges, à l'arrière trois oiseaux, palme sur la tête du cheval, revers incolore.

Claude, empereur, n° 367. Il est à cheval, couronné d'un bandeau, en robe longue, les pieds chaussés de bottes armées d'éperons; à l'épaule gauche, un bouclier où brille un aigle noir sur fond d'or; sa main gauche tient la poignée d'une épée suspendue à son côté; en lettres d'or légende : IMP. CLAVDIVS. Son cheval blanc est enveloppé d'un riche caparaçon chamarré d'or et orné au poitrail d'un écusson bleu, et sur la croupe d'une couronne de laurier, de quelques glands sur la bride.

Buire en grisaille, n° 368 : divinités mythologiques. Cette buire est décorée dans sa partie supérieure de quatre médaillons alternant, têtes d'hommes et têtes de femmes, séparés par des arabesques dorées : au centre, Jupiter monté sur son aigle et tenant son foudre; à droite, un génie portant une colombe sur sa tête; à gauche, génie ailé étouffant un serpent; dans le bas, masques et guirlandes; les initiales C. N., en lettres d'or, sur le bec de ce vase. Hauteur, 0,122; diamètre, 0,116.

N° 369, *Scènes de la vie de Moyse :* salière hexagone en couleurs sur fond bleu, détails dorés. Hauteur, 0,075.

N° 369 *bis*, *La descendance de sainte Anne :* plaque en émaux de couleurs sur fond noir, rehaussés d'or. Hauteur, 0,305; largeur, 0,246. Sainte Anne, la tête ceinte d'une auréole rayonnante, ses cheveux en nattes flottantes, et la sainte Vierge, vêtue selon l'usage consacré, sont assises sur un riche trône, entre un dressoir et une colonnade. Sous des rideaux relevés par des anges, l'enfant Jésus s'appuie sur elles. Huit personnages, hommes et femmes, et six enfants les entourent. Des banderoles blanches portent les noms des assistants, en commençant par la gauche : *Joseph Dalpeus* pour *Alphœus*, *M^arie^ Cleophe*, *St Jacques le Mineur*, *J. le Juste*, *St Iude*, *St Simon*. *St Jehan*, *St Jaques*, *M^arie^ Salome*, *Zebede*, *Cleophas*, *Salomas*, *Joachin*. Au bas, à gauche, sur un cartel blanc : *La lignée de Mme sainte Anne*, 1545. C. N. Revers ou contre-émail incolore.

M. le comte de Laborde, qui critique cette suite des descendants de sainte Anne comme étant du fait d'un émailleur limousin, ajoute qu'elle se rapproche des données les plus générales. Mon opinion est que l'émailleur ne l'a pas inventée, qu'elle a dû lui être communiquée par quelque clerc ou théologien du temps, et qu'il a voulu faire dans le Nouveau Testament ce qu'était l'arbre de Jessé dans l'Ancien.

N° 370, *Scènes de la vie d'Hercule :* salière hexagone, grisaille fond noir, rehauts d'or. Diamètre, 0,075 ; hauteur, 0,076. 1° Cerbère enchaîné ; — 2° le lion de Némée vaincu; — 3° Déjanire enlevée; — 4° Hercule portant le ciel sur ses épaules; — 5° le même emportant deux colonnes; — 6° son agonie. Au-dessus et au-dessous, têtes de guerriers de profil; ornements encadrant le tout.

Salière en grisaille et émaux de couleurs sur fond noir, n° 371. La date 1545 inscrite en chiffres dorés sur un écusson. Au contre-émail noir on lit en majuscules d'or : CONF[IDO] IN DOMINO.

N° 372, *Hercule au jardin des Hespérides :* couvercle de coupe, grisaille sur fond noir, détails dorés. Diamètre, 0,196. Hercule nu, vu de dos, tenant sa massue; près de lui arbres couverts de fruits; en arrière un de ses compagnons tient un arc tendu; plus loin on le voit prêt à frapper le gardien du jardin renversé à ses pieds et se couvrant d'un bouclier; ailleurs Hercule, aidé d'un compagnon, pousse devant lui ce gardien garrotté, et plus loin encore il cueille les fruits du jardin. Frise circulaire d'ornements bleu pâle rehaussés d'or. A l'intérieur, quatre médaillons où sont peintes en or des têtes d'hommes et de femmes, arabesques, inscriptions : ERCULES SUIS APELÉ, HELENE SUIS APELÉE, ELENE SUIS APELÉE, LEN, ERCULES SUIS ESERAI (et serai). Le bord est orné d'une vignette dorée et une couronne de feuillages verts encadre les ornements.

Prédication sur le Pater, n° 373 : plaque en grisaille sur fond noir, quelques détails dorés. Largeur, 0,088; hauteur, 0,105. Moine en chaire, groupe de femmes assises à terre; deux hommes, l'un dont la tête est nue, l'autre coiffé d'un chapeau, assis sur le devant et à part; leurs gestes marquent le doute et contrastent avec la physionomie attentive et convaincue de deux auditeurs placés derrière eux, formant le premier rang d'une nombreuse assemblée. On lit dans le haut, en majuscules dorées : DONNE NOUS AUJOURD'HUY NOSTRE PAIN QUOTIDIEN. Au-dessous de l'inscription, un petit tableau symbolique de ces paroles du *Pater :* ce sont trois petits personnages peints en grisaille sur fond d'or, deux hommes et une femme assis autour d'une table et mangeant. On a voulu voir là Pierre Viret prêchant devant Calvin et Théodore de Beze ; le défaut de ressemblance détruit l'interprétation.

Une grisaille de M. Strauss, qui fait suite à cet émail, à en juger par le style et les lettres des inscriptions, représente Jésus-Christ guérissant un possedé ; on y lit en gros caractères : MAIS DÉLIVRE NOUS DU MALIN. AMEN. Hauteur, 0,145 ; largeur, 0,125.

N° 374, réunion des produits de Venise et de Limoges : médaillon rond, émail colorié fond bleu, lettres et filets d'or, engagé dans la monture d'un vase de verre doré. Diamètre, 0,038. Tête de profil couronnée de laurier, barbe courte, cheveux blonds rehaussés d'or, tunique lilas. Légende circulaire : ERCVLES IE SVIS APELÉ. De l'autre côté de la bouteille, médaillon de même forme, au milieu de semblables ornements ; il n'en reste de bien visible qu'une femme assise sur un globe porté par les flots ; elle élève le bras droit en l'air et du gauche tient le bout d'une écharpe de la même couleur lilas, formant un arc au-dessus de sa tête. Fond noir, inscription effacée : ....INE. IE. C'était peut-être un surnom de Vénus : *Cyprine je* suis ?

Au musée de Dijon, médaillon qui a beaucoup de rapports avec le numéro 365 du Louvre et le même diamètre : *Josué à cheval*. Le coursier et le cavalier se ressemblent (dit M. le comte de Laborde) d'une façon vraiment bouffonne.

J'ai lu dans le catalogue de M. Didier-Petit, de Lyon, au numéro 135, la description d'un hanap d'émail, grisaille sur fond noir : *La prédication de saint Jean-Baptiste ;* dessin d'un beau style et de belle exécution, signé C. N. sur un écusson placé au-dessous du dégorgeoir du vase ; plus bas la date de 1539, et sur la base est inscrit en lettres d'or : JEAN VULIN, qui est probablement le nom de la personne pour laquelle fut faite cette pièce, d'une belle conservation. M. Didier-Petit la soupçonnait comme ayant été peinte par un Noualher.

Collection d'Abelin : *Mise en croix*. Trois hommes élèvent la croix sur laquelle Jésus-Christ est cloué ; un quatrième, coiffé d'un bonnet, est assis à droite du premier plan ; dans le fond, grande foule d'hommes armés de lances ; grisaille teintée cherchant à imiter l'effet des émaux de Penicaud III. Hauteur, 0,90 ; largeur, 0,65.

Collection Albert Decombe : *Jugement de Pâris*. Ce berger est vêtu comme un guerrier du XVIe siècle. COMMANT VENEUS PROMIT A PARIS LA PLUS BELLE DE GRESE (Grèce), ET LUI JUGA LA POME. En pendant, *Le triomphe de Paris*. M. de Laborde trouve cette peinture aussi mauvaise que son orthographe. Hauteur, 0,180 ; largeur, 0,160.

Salières du même émailleur, à six pans, haute de 0,083 ; diamètre au pied, 0,100 : *Travaux d'Her-*

cule. Les têtes de ce héros et de Déjanire occupent les extrémités, supérieure et inférieure.

Collection Carraud : coffret orné de douze plaques émaillées en camayeu vert bleuâtre, où sont représentés les douze travaux d'Hercule (deux y manquent), provenant de la collection de M. de Bruges, n° 762. Ce coffret à bijoux est de forme oblongue, à couvercle prismatique, monté en bronze doré. Haut de 12 centimètres, large de 17.

Coupe de grande dimension. Dans l'intérieur, *Loth et ses filles ;* sur le vêtement du père sont inscrits son nom LOT et les initiales C. N. aux pieds de l'une des filles qui est debout. Grandes figures en grisaille légèrement teintée. A l'extérieur, des enfants dansent tenant des torsades de feuillages verts et des rinceaux d'or. Au-dessous du pied, la légende : DOCEO FACERE ; sur le couvercle, quatre bustes dans des médaillons séparés par des bouquets suspendus. Mascaron et cartel sur lequel est tracée en noir la date 1545. Au revers intérieur, huit pensées en couleur sur fond noir. Diamètre, 0,156.

Collection de M. Arthur Parant, gendre de M. Louis Ardant, ancien maire : médaillon de moyenne grandeur, grisaille, fond noir. LA DESSE (sic) PALLAS ; légende circulaire en lettres d'or. Buste vu de trois quarts, coiffé d'un casque surmonté d'une aigrette blanche, rehaussé de filets d'or, chevelure longue et flottante sur les épaules, tunique bordée d'or, au-dessus de laquelle on voit une cuirasse ou égide très endommagée, revers incolore.

Autre médaillon qui fait pendant au précédent. Légende : CLEOPATRA APELEE. Buste de profil; les nattes de ses cheveux font plusieurs tours sur sa tête, au sommet de laquelle brille une étoile d'or; au-dessous, un petit voile; près de l'oreille, un camée où est peint en rouge et or le soleil *(sol oriens)*. Les yeux et la bouche contractés de Cléopâtre offrent les signes d'une vive douleur; son long cou est entortillé par un serpent dont la tête sanglante repose sur son sein; à l'épaule gauche, légère draperie fixée par une agrafe rouge et or, rehauts d'or dans les étoffes et les cheveux, même revers, mêmes dimensions.

Ces deux médaillons proviennent de la succession d'un cardinal italien qui avait habité une villa près Marseille.

Deux plaques en losange, de 0,125 de côté : grisaille pour les carnations. Buste de Pâris, coiffé d'un casque bleu marin, à visière relevée, cimier et panache d'or; sur la poitrine, légère draperie en bleu d'outremer rehaussée de filets dorés, ainsi que la légende PARIS. Auprès de cette légende, arabesque et fleur de lys, lettre C..., fond noir, revers cuivré.

Tête forte, à bouche entr'ouverte, cou gros, œil rond, presque de face, Hélène porte sur le front une branche de laurier et une fleur bleue; ses cheveux sont d'un blond foncé, renfermés dans un filet blanc; près de l'oreille, camée en couleurs où se voit un buste barbu d'empereur romain avec la couronne radiée; au-dessus, une aile de couleurs changeantes comme celles des pigeons; collier de petites perles rouges, draperie bleue au-dessous du cou. Légende : EYLENE SVIS. Une ligne mince et circulaire en or encadre le fond noir.

Ces deux bustes, peints en profil, se font pendant l'un à l'autre ; ils sont exposés dans les vitrines du musée de Limoges.

Médaillon rond, 21 centimètres de diamètre : *Cérès* en grisaille très blanche, couronnée de trois rangs d'épis, enveloppée d'un voile blanc. CERES, lettres et arabesques dorées. — Cadre émaillé peint en violet foncé et blanc, orné de trophées d'instruments de guerre et de musique. Sphère et inscription ou *titulus* I·HS. Je le crois de Couly Noylier le petit-fils.

Médaillon rond, des mêmes dimensions que ceux des hommes illustres du premier Couly Noylier. On y lit en majuscules dorées CLEMENS SEPTIMUS, légende précédée et suivie d'arabesques. La tête, à demi chauve, est d'une carnation très pâle. Ce pape (Jules de Médicis, cousin de Léon X, de 1523 à 1534) est revêtu d'une chape d'étoffe violette, sur le devant de laquelle sont brodés en couleurs saint Pierre et saint Paul, avec un fermail en turquoise. Le fond de l'émail est noir. L'encadrement, dans le genre de celui de Cérès, présente des boucliers carquois, casques, tambours, arbalètes et canons, violons, flambeaux, tête de mort et le titulus I·HS ; deux camées, un empereur et une impératrice. Je crois donc ce médaillon du même auteur que l'autre.

Je termine enfin par la description d'un médaillon de 21 centimètres de hauteur sur 16 de diamètre :

on y lit en légende : OGIER LE DEMON. Ce chevalier y est représenté avec une cuirasse et une écharpe bleue; sa tête barbue est coiffée d'un casque à panache bleu ; son coursier est couvert d'une housse rouge brodée en arabesques d'or; la bride et les franges du caparaçon, violets et or; les jambes du cavalier sont couvertes de bottines jaunes; au bas du tableau, sol émaillé de verdure; on y lit : C...., le reste est effacé; sur le revers rouge de cuivre, le chiffre romain IIII, marque de la série.

J'ai de la peine à comprendre pourquoi la légende porte Ogier le *Démon*, au lieu d'Ogier le *Danois*. Couly a-t-il voulu flétrir la mémoire d'Otger, qui prit contre Charlemagne le parti de Didier, roi des Lombards, ainsi que Hunald, duc d'Aquitaine, ou bien faire allusion à la plaisanterie dont il usa dans l'église de Saint-Faron pour éprouver la dévotion des religieux? Du reste, Ogier n'était point Danois, mais Français-Austrasien. Ce beau-frère de Roland est connu dans l'histoire sous le nom d'Autcaire.

Comme j'ai constaté par des actes qu'il y a eu deux Couly Noylier, j'explique par là les deux manières de peindre que M. le comte de Laborde a remarquées dans les émaux signés C. N. Les meilleurs sont du grand-père et les autres du petit-fils.

Je puis donner une raison aussi simple de la variété des signatures de ces artistes, Noualhier, Nouhalier, etc., c'est que ces noms-là se prononcent de la même manière que celui de *Noylier*, porté par le premier *Couly*, *Martin* et autres, et signé en 1780 par *Jean*, le dernier émailleur, sur un tableau appartenant à M. J. Audouin, ancien maire : *Jean Noylier peinxit*. 1780.

Post scriptum. — On m'a bien parlé d'un médaillon d'Alexandre à cheval, du même auteur, mais je ne l'ai pas vu.

www.ingramcontent.com/pod-product-compliance
Lightning Source LLC
LaVergne TN
LVHW052029170826
845678LV00018B/1222

* 9 7 8 2 3 2 9 6 3 1 0 6 6 *